Paso a paso

La historia del helado

Todo comienza con leche

Stacy Taus-Bolstad

ediciones Lerner ◆ Mineápolis

ediciones Lerner
Una división de Lerner Publishing Group, Inc.
241 First Avenue North
Mineápolis, MN 55401, EE. UU.

Si desea averiguar acerca de niveles de lectura y para obtener más información, favor consultar este título en www.lernerbooks.com.

Créditos de las imágenes: Comstock Images/Stockbyte/Getty Images, p. 3; Mint Images/Getty Images, p. 5; Mikhail Japaridze/TASS/Getty Images, p. 7; baranozdemir/iStock/Getty Images, pp. 9, 15; Todd Strand/Independent Picture Service, pp. 11, 13, 17, 23 (cubos) (mezcla); Trinity Muller/Independent Picture Service, p. 19; Drop of Light/Shutterstock.com, p. 21; Jose Luis Pelaez Inc/DigitalVision/Getty Images, pp. 22, 23 (helado); JackF/iStock/Getty Images, p. 23 (vacas). Portada M. Unal Ozmen/Shutterstock.com (conos de helado); tcharts/Shutterstock.com (leche).

Fuente del texto del cuerpo principal: Mikado Medium.
Fuente proporcionada por HVD Fonts.

Library of Congress Cataloging-in-Publication Data

Names: Taus-Bolstad, Stacy, author.
Title: La historia del helado : todo comienza con leche / Stacy Taus-Bolstad.
Other titles: Story of ice cream. Spanish
Description: Minneapolis : Ediciones Lerner, 2022. | Series: Paso a paso = Step by step | Translation of: The story of ice cream. | Includes bibliographical references and index. | Audience: Ages 4-8 | Audience: Grades K-1 | Summary: "Milking a cow is the first step in making yummy ice cream. But what happens next? Readers can follow the process step-by-step to learn how ice cream is made. Now in Spanish!"—Provided by publisher.
Identifiers: LCCN 2021020569 (print) | LCCN 2021020570 (ebook) | ISBN 9781728441955 (lib. bdg.) | ISBN 9781728447889 (pbk.) | ISBN 9781728444031 (eb pdf)
Subjects: LCSH: Ice cream, ices, etc.—Juvenile literature. | Milk—Juvenile literature.
Classification: LCC TX795 .T248418 2022 (print) | LCC TX795 (ebook) | DDC 641.8/62—dc23

Fabricado en los Estados Unidos de América
2-1011112-49793-4/18/2024

El helado es delicioso.

¿Cómo se hace?

Una granjera ordeña vacas.

La leche se mezcla.

La mezcla se calienta.

Un trabajador agrega sabores.

Se revuelve
la mezcla.

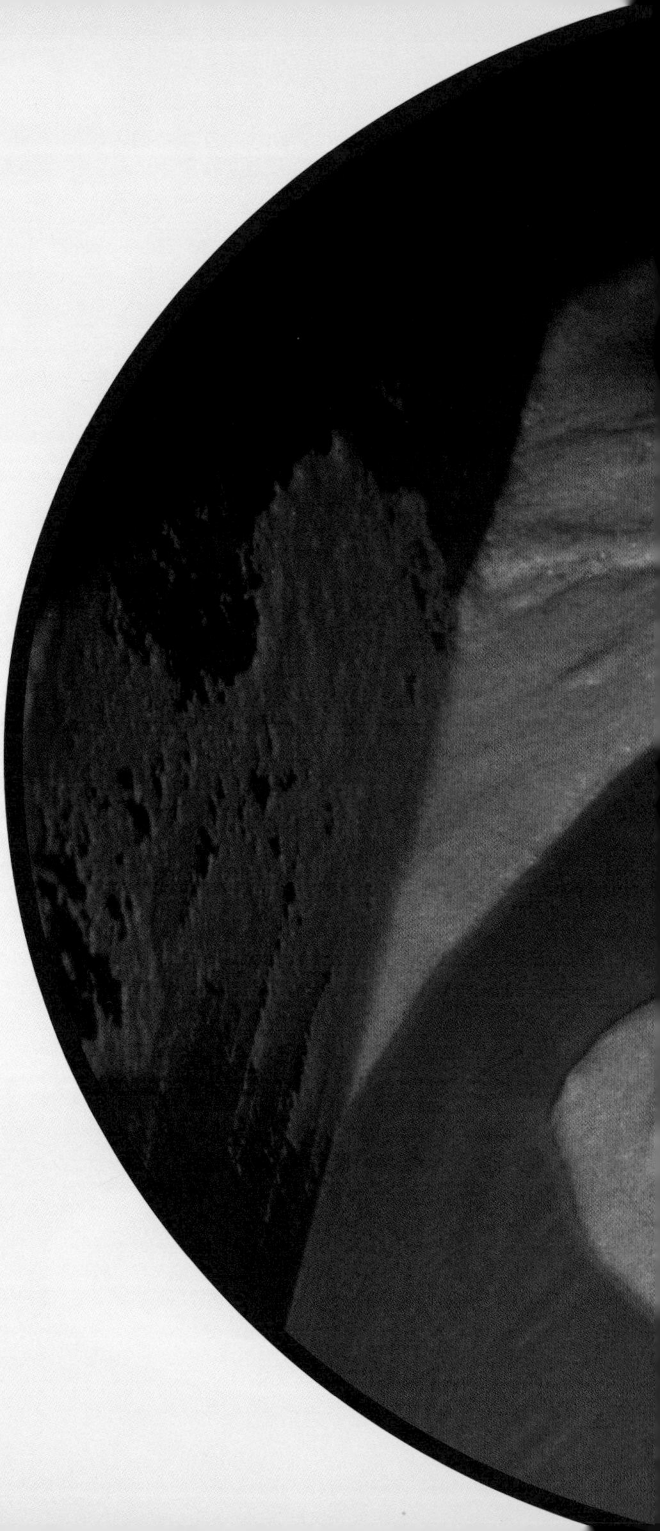

La mezcla se enfría.

El helado se coloca en cubos.

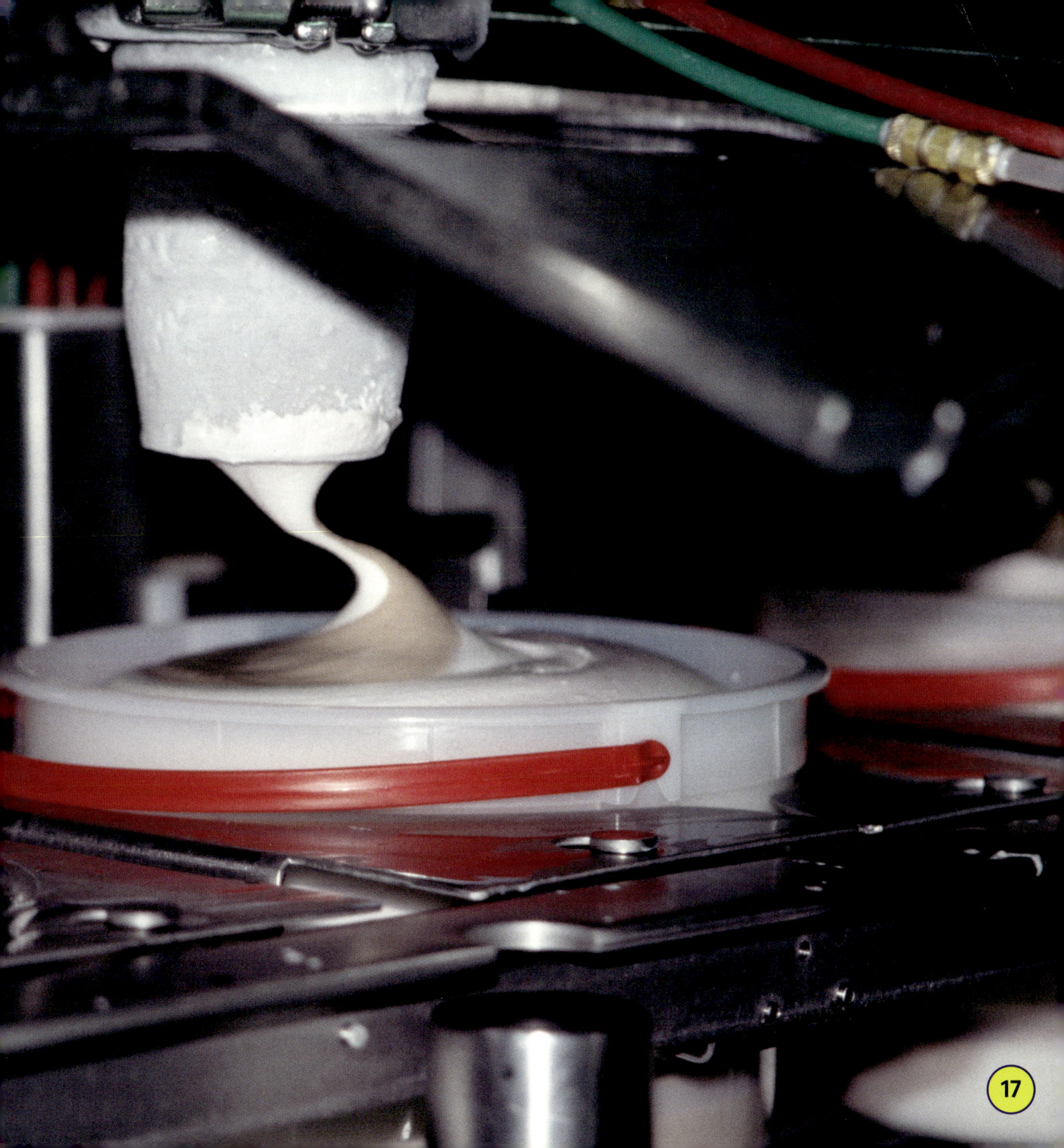

El helado se congela.

orange
KEMPS
KEMPS

Los camiones
llevan el helado.

¡Hora del postre!

Glosario con imágenes

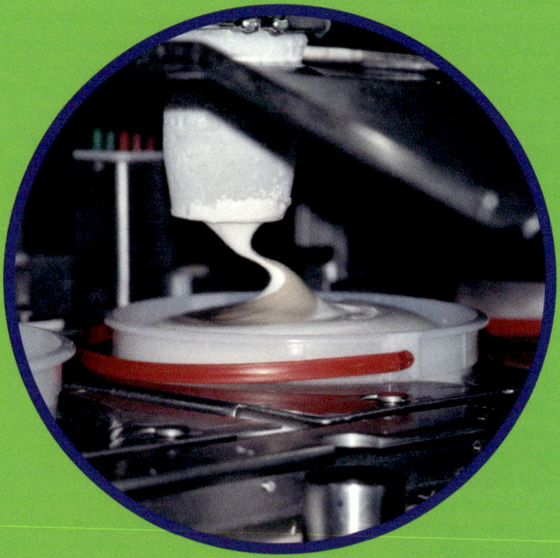

cubos

helado

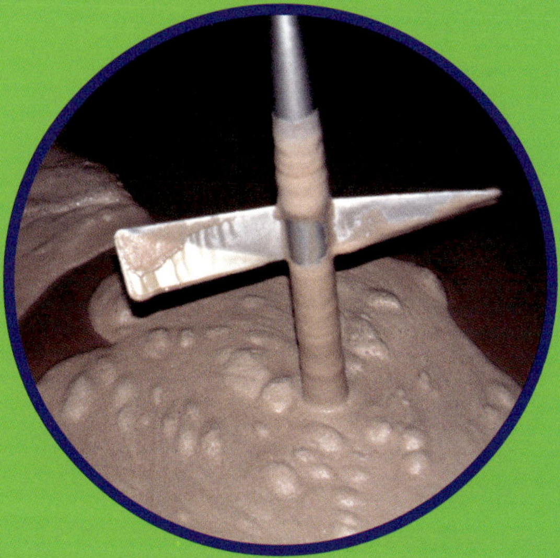

mezcla

vacas

Otros títulos

Greve, Tom. *How to Make Ice Cream*. Vero Beach, FL: Rourke Educational Media, 2014.

Hoffmann, Sara E. *Ice Cream*. Minneapolis: LernerClassroom, 2014.

Taus-Bolstad, Stacy. *The Story of Milk: It Starts with Grass*. Minneapolis: Lerner Publications, 2021.

Índice